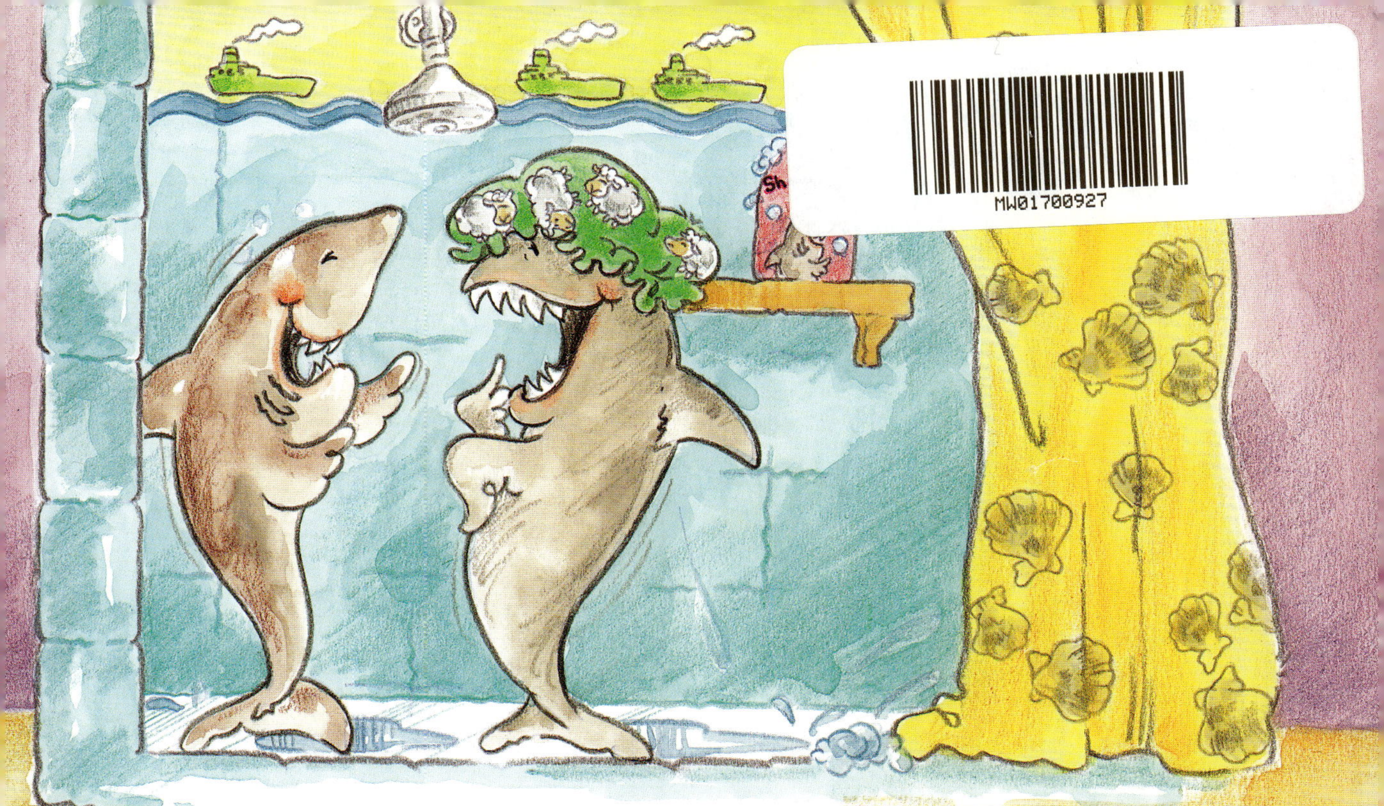

Sharks in the shower

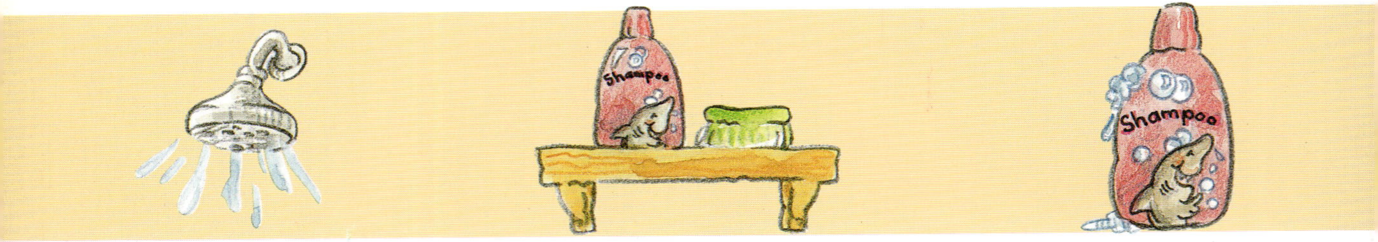

sh sh sh

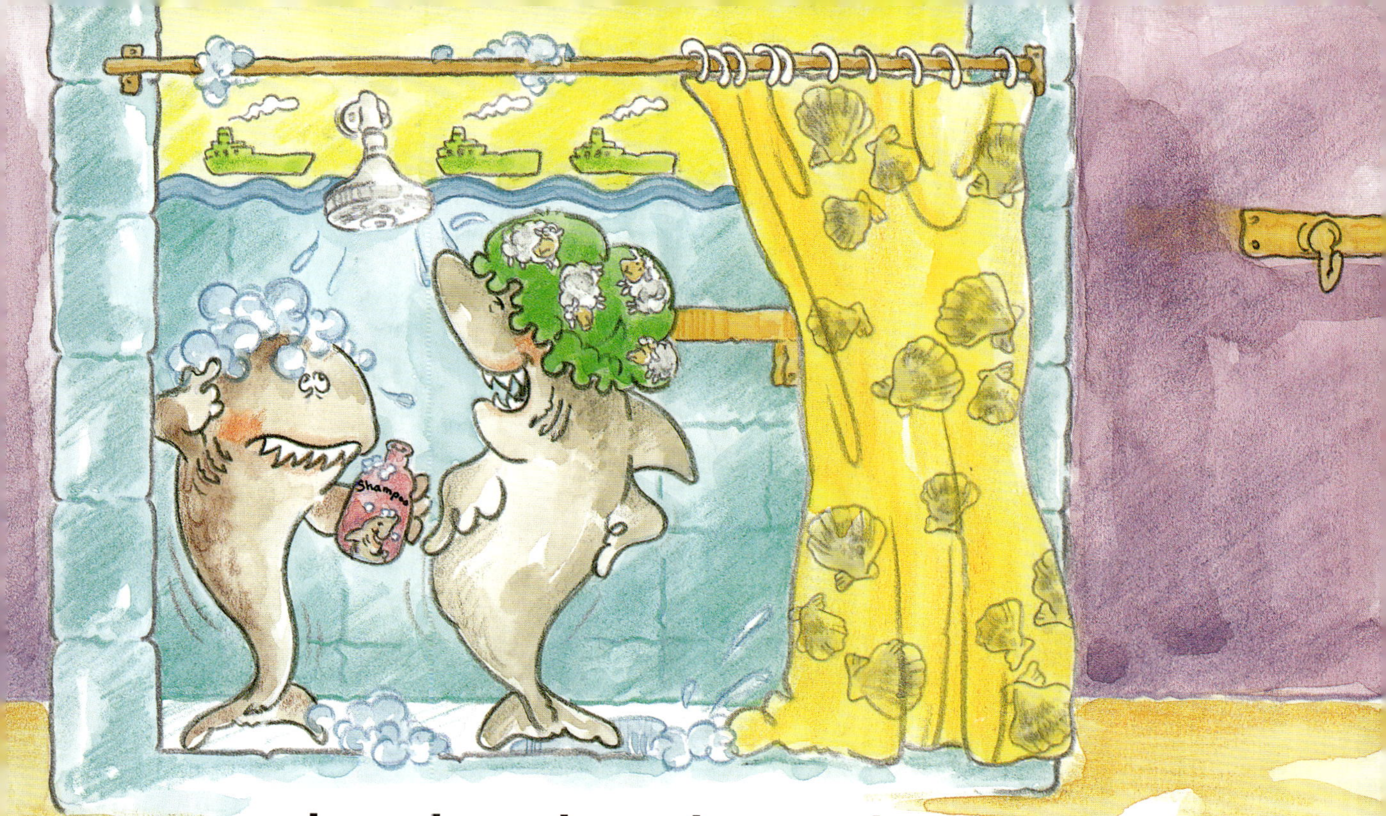

sharks in the shower

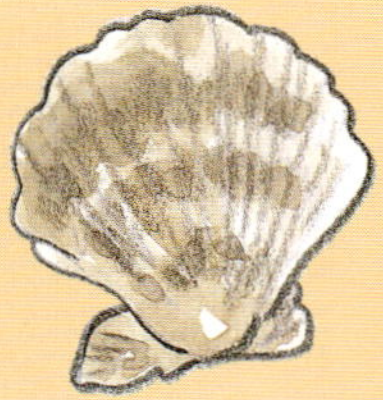

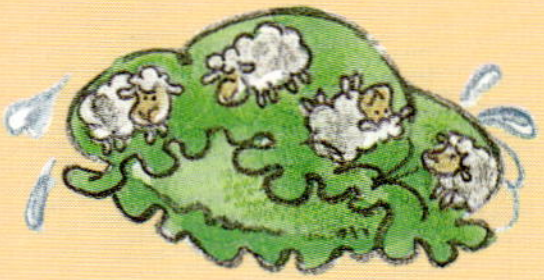

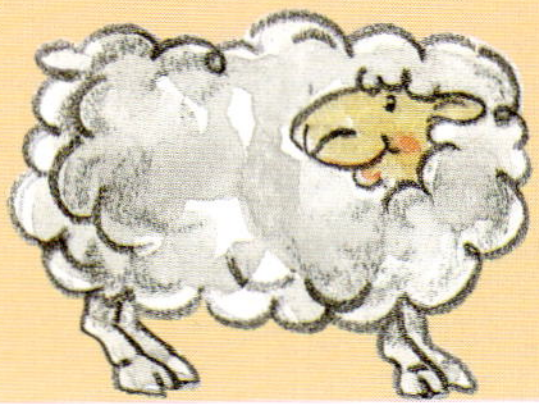

sh sh sh

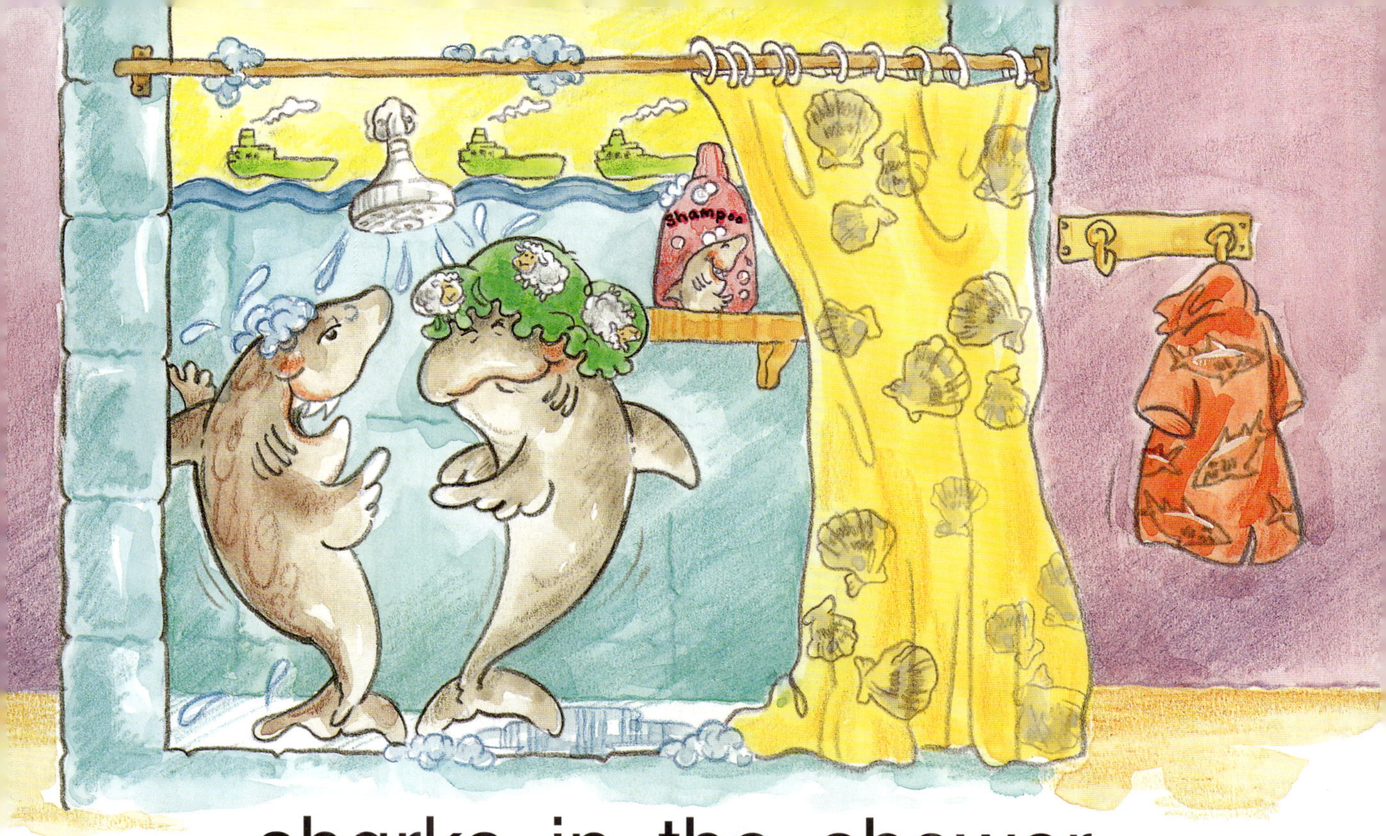

sharks in the shower

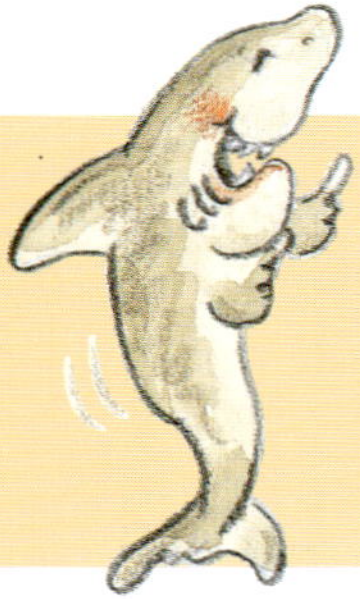

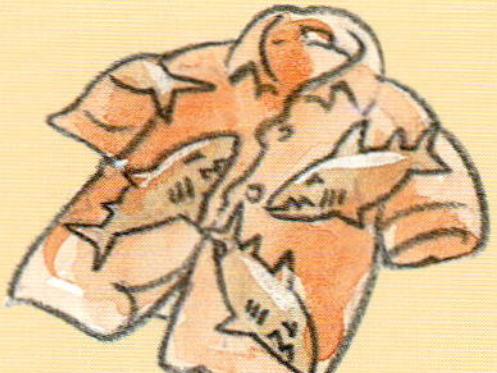

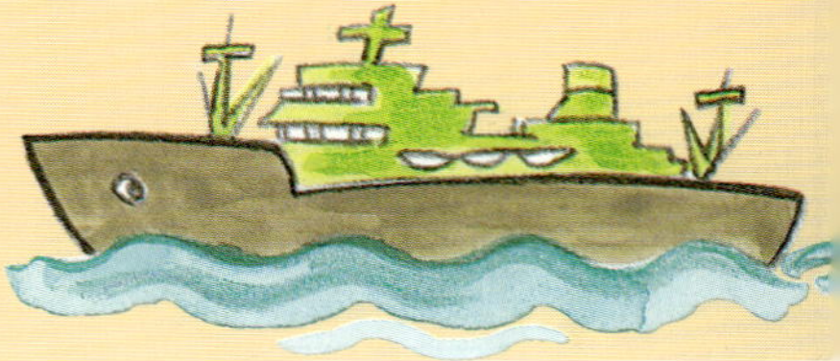

sh sh sh

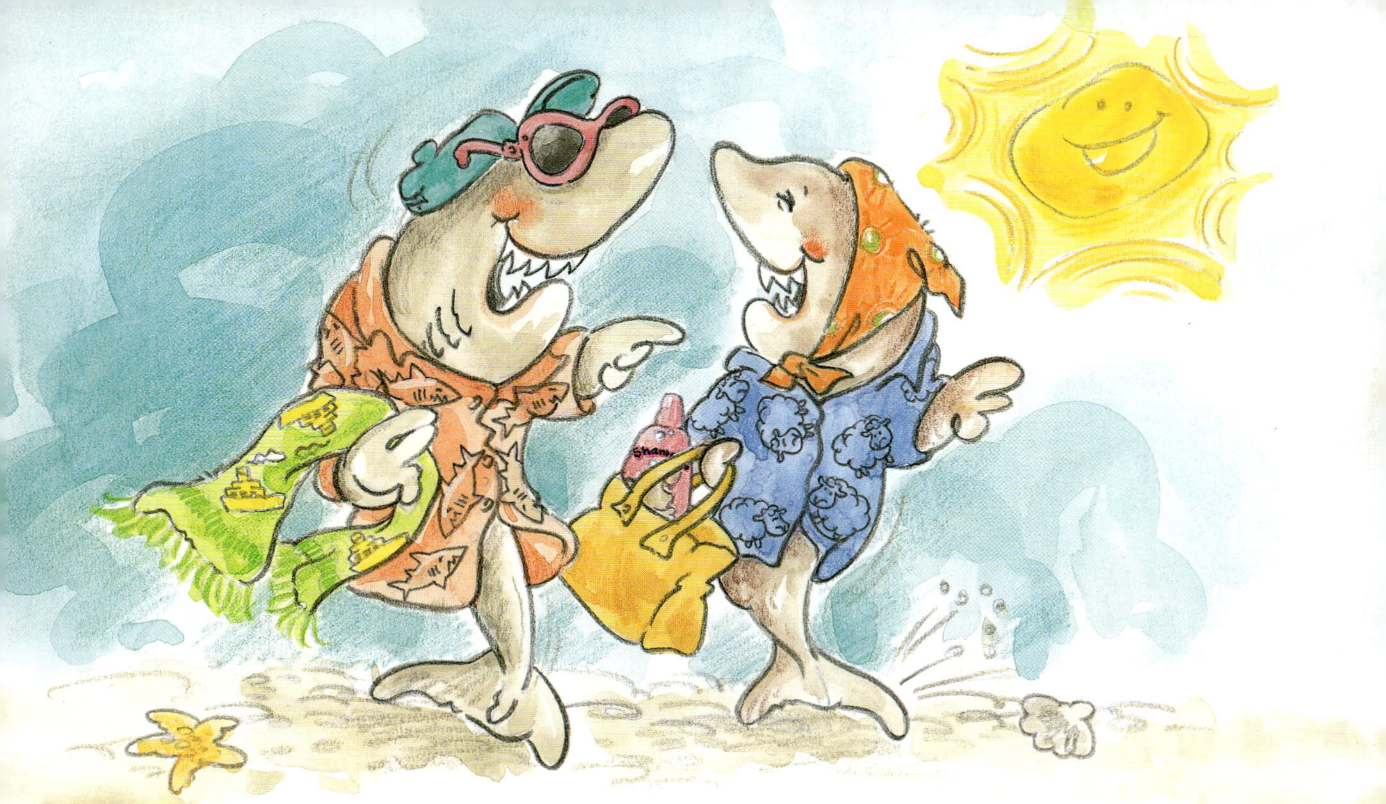

Listen, look, and say...

sh

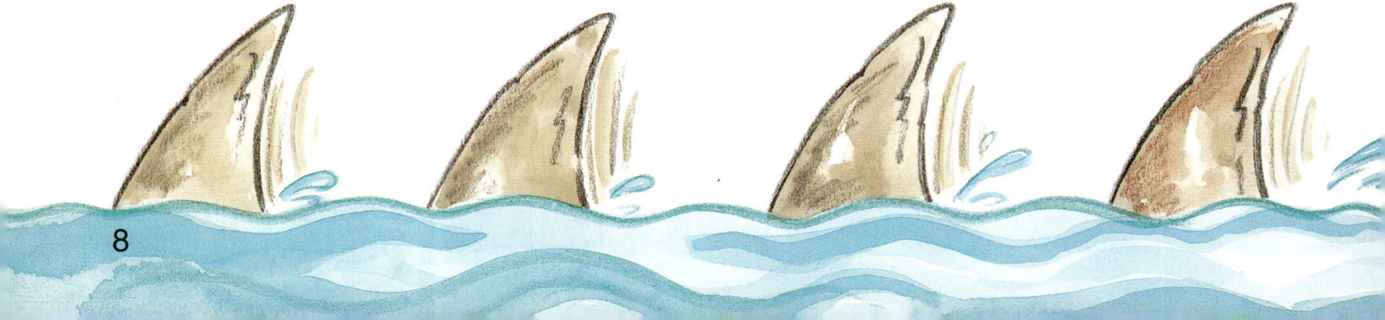